Filigrane Fensterbilder & Dekorationen

Für das ganze Jahr

Anita Kaiser

Impressum:

© 2006 Bücherzauber Verlag GmbH, 41540 Dormagen

ISBN 10: 3-86545-165-9 ▪ ISBN 13: 978-3-86545-165-1 ▪ Best.-Nr.: 45165

Fotos: Andrea Splietker
Styling: Andrea Splietker
Grafik/Zeichnungen: Daria Broda
Layout/Satz/Bildbearbeitung: Andrea Splietker
Druck: Merkur, Detmold ▪ www.merkur-druck-online.de

1. Auflage 2006

Benzstraße 13 · 41540 Dormagen
Telefon: 0 21 33/42 81 05
Fax: 0 21 33/42 81 06
E-Mail: buecherzauber@t-online.de
http://www.buecherzauber.de

Sollten Sie Fragen zu weiteren Titeln, Materialien oder
Anleitungen haben, freuen wir uns über Ihren Anruf
oder Ihr Fax. Auch wenn Sie Ideen zu neuen Büchern
haben oder selbst Autor(in) werden möchten, lassen
Sie uns Ihre Anregungen schriftlich zukommen.

Vorwort

Schon seit vielen Jahren bereitet mir das Basteln mit Papier große Freude. Mir gefällt es, wenn Tisch- und Raumschmuck farblich aufeinander abgestimmt sind. In diesem Buch finden Sie
filigrane Motive als farbenfrohe Begleiter durch alle Jahreszeiten.
Bunte Bänder geben diesen Motiven eine ganz besondere und
dekorative Erscheinung. Viel Spaß und Erfolg mit Schere und
Papier!

Ihre

Anita Kaiser

Material & Werkzeug

Transparentpapier

Tonkarton,
Tonpapier

Bleistift

Radierer

Buntstifte in
verschiedenen Farben

Außerdem:
- Lochzange
- Klebstoff
- Heißklebepistole
- Tacker
- Schleifenbänder
- Satinbänder
- Kordeln

Schere

Nähgarn und
Nadel

Faserstifte in ver-
schiedenen Farben

Cuttermesser mit
Schneideunterlage

Lineal

So wird's gemacht!

Sämtliche Teile mit dem Bleistift vom Vorlagenbogen auf Transparentpapier abpausen.

Das Transparentpapier auf hellen Tonkarton kleben und anschließend die Motivteile ausschneiden. So erhalten Sie Ihre Schablonen, die Sie auf die gewünschte Farbe des Tonkartons bzw. Tonpapiers übertragen.

Filigrane oder kleine Innenteile mit dem Cuttermesser ausschneiden. Verwenden Sie dafür immer eine Schneideunterlage.

Zwei- oder mehrfach benötigte Teile auf doppelt gelegtes Tonpapier übertragen und ausschneiden. Dabei kann das Tonpapier am Papierrand (nicht auf der Vorlage) zusammen getackert werden, damit die Motive deckungsgleich sind.

Farblich passende Bänder werden mit der Heißklebepistole angebracht oder direkt in das Motiv eingebunden.

Sämtliche Löcher mit einer Lochzange ausstanzen.

Zum Aufhängen der fertigen Bilder einen Faden verwenden, der farblich zum Motiv passt. Die Aufhängelöcher sind auf den Motiven im Vorlagenbogen eingezeichnet.

Schneemänner zur Winterzeit

Material
- Tonkarton: weiß, dunkelblau
- weißes Tonpapier
- blauweiß kariertes Schleifenband: 5 mm breit,
  1 x 25 cm lang und 1 x 10 cm lang
- weißes Nähgarn
- silberner Faserstift

Fensterbild

Zu Beginn ein Trägerelement, vier große Schneeflocken und einen Schneemann auf weißen Tonkarton aufzeichnen und ausschneiden. Danach die Knöpfe des Schneemanns mit der Lochzange ausstanzen und laut Abbildung kleine Schleifen aufkleben. Zum Schluss alle ausgeschnittenen Motive mit dem Nähgarn am Trägerelement befestigen sowie den Aufhängefaden anbringen.

Tischschmuck

Das kleine Schneemannmotiv mit Schneeflocken ausschneiden. Die Knöpfe des Schneemanns mit der Lochzange ausstanzen. Nun den Schneemann mit dem Schleifenband verzieren. Zuletzt das ausgeschnittene Motiv an den markierten Stellen falzen und aufstellen.

Tischkärtchen

Aus blauen Tonkarton laut Vorlagenbogen ein Tischkärtchen fertigen. Danach eine kleine Schneeflocke aus weißem Tonpapier ausschneiden, mit einem Klebepunkt in der Mitte versehen und links auf das Tischkärtchen kleben. Die nicht festgeklebten Teile der Schneeflocke leicht nach oben biegen. Nun das Tischkärtchen mit einem Silberstift beschriften.

Winterzauber

Eier zu Ostern

Material
- Tonkarton: weiß, gelb
- Tonpapier: gelb, orange, hellgrün
- farblich passendes Schleifenband, 4 mm breit, 4 x 25 cm lang
- Nähgarn: gelb, weiß
- Buntstifte: gelb, orange, grün

Fensterbild

Zuerst das Ei auf gelben Tonkarton aufzeichnen und ausschneiden. Nun zwei orangefarbene und eine hellgrüne Blüte aus Tonpapier fertigen. Anschließend das Loch in den Blüten mit der Lochzange ausstanzen. Nun die drei Blüten in gleichmäßigen Abständen in das Ei hängen. An der markierten Stelle den Aufhängefaden befestigen. Zuletzt aus dem Schleifenband vier Schleifen binden und mit der Heißklebepistole auf die Vorder- und Rückseite des Eies kleben.

Mobile

Als Erstes drei Eier aus weißem Tonkarton ausschneiden. Anschließend die Eier mit Nähgarn in gleichmäßigen Abständen miteinander verbinden. Danach jeweils sechs mittelgroße Blüten auf doppelt gelegtes, gelbes, orangefarbenes sowie hellgrünes Tonpapier aufzeichnen und die Löcher der Blüten mit der Lochzange ausstanzen. Die Blüten ausschneiden und wie abgebildet auf die Vorder- und Rückseite der Eier kleben.

Tischschmuck

Das entsprechende Tonpapier so falten, dass ein Tischkärtchen ausgeschnitten werden kann. Die Schablone für die drei kleinen Eier so auf das gefaltete Tonpapier auflegen, dass die markierte Stelle mit der Falzkante abschließt. Dann die Eier aufzeichnen und ausschneiden. Je eine kleine Blüte anfertigen und das Loch in der Mitte der Blüten mit der Lochzange ausstanzen. Zum Schluss die Blüten auf dem Tischkärtchen platzieren und beschriften.

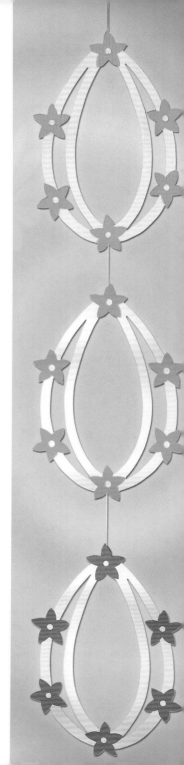

Ei, Ei ...

Tulpen im Frühling

Material
- Tonkarton: grün, hellgrün, rot
- Tonpapier: grün, rot
- rotes Chiffonband, 2,5 cm breit, 2 x 20 cm lang
- rote Kordel, 2 mm breit, 3 x 13 cm lang, 60 cm lang
- rotes Nähgarn
- roter Faserstift

Fensterbild

Zuerst die Blumenstengel aus grünem Tonkarton erstellen. Danach die Blüten aus doppelt gelegtem, roten Tonkarton ausschneiden und anschließend deckungsgleich auf den Blumenstengel kleben. Mit dem Chiffonband jeweils eine Schleife auf Vorder- und Rückseite eines Blumenstengels binden. Als Letztes den Aufhängefaden befestigen.

Mobile

Drei kleine Blumenstengel aus grünem Tonkarton fertigen. Danach drei kleine Blüten auf doppelt gelegtes, rotes Tonpapier aufzeichnen und ausschneiden. Die Blüten wie abgebildet deckungsgleich auf Vorder- und Rückseite des Blumenstengels kleben. Die drei kleinen Kordelteile an den Blumenstengeln befestigen. Schließlich alle drei Motive in gleichmäßigen Abständen untereinander hängen.

Karte

Zeichnen Sie die Karte auf hellgrünen Tonkarton, den Blumenstengel auf grünes und die Blüte auf rotes Tonpapier und schneiden die Teile aus. Danach die Karte an der markierten Stelle falten. Nun den Blumenstengel und die Blüte wie abgebildet aufkleben. Zuletzt die Karte beschriften und die rote Kordel anbringen.

Spring

Herzen zum Muttertag

Material
- Tonkarton: pink, weiß
- Tonpapier: pink, weiß
- Satinband: weiß, pink, 3 mm breit, je 2 x 80 cm lang
- weiße Kordel, 2 mm breit, 20 cm lang
- pinkfarbenes Tüllband, 5 cm breit, 5 cm lang
- weißes Nähgarn
- silberner Faserstift

Fensterbild – groß und klein

Das entsprechende Herz auf pinkfarbenen Tonkarton übertragen und ausschneiden. Dann drei große und zwei kleine Blüten auf doppelt gelegtes, weißes Tonpapier aufzeichnen und ausschneiden und das Loch der Blüten mit einer Lochzange ausstanzen. Die Blüten wie abgebildet auf die Vorder- und Rückseite des Herzens kleben. Nun mit dem Satinband zwei Schleifen binden. Dazu jeweils weißes und pinkfarbenes Band doppelt nehmen und an beiden Seiten befestigen.

Tischschmuck/Karte

Den weißen Tonkarton so falten, dass eine Karte ausgeschnitten werden kann. Nun die Schablone für das Herz so auf den gefalteten Tonkarton legen, dass die markierte Stelle mit der Falzkante auf der linken Seite abschließt. Dann das Herz aufzeichnen und ausschneiden. Anschließend aus pinkfarbenem Tonpapier das filigrane Herz für die Vorderseite und das volle Herz für die Innenseite erstellen. Danach drei kleine Blüten aus weißem Tonpapier ausschneiden und die Löcher der Blüten mit einer Lochzange ausstanzen. Nun die beiden Herzen und die Blüten wie abgebildet auf die Karte kleben. Mit einem silbernem Faserstift von innen und außen beschriften. Zum Schluss die Kordel, an der Falzkante der Karte, mit dem Tüllband befestigen.

Von Herzen

Käfer und Blüten

Material
- Tonkarton: grün, rot, schwarz
- rotes Tonpapier
- beigefarbenes Nähgarn
- schwarzer Faserstift

Fensterbild

Als Erstes die Vorlage für das Fensterbild auf grünen Tonkarton, die Blüten auf doppelt gelegtes, rotes Tonpapier aufzeichnen und ausschneiden. Nun den Körper des Käfers auf schwarzes, die Flügel auf doppelt gelegtes, rotes Tonpapier übertragen und ausschneiden. Die markierten Löcher mit der Lochzange ausstanzen. Dann die Blüten und den Käfer wie abgebildet deckungsgleich auf Vorder- und Rückseite kleben. Zuletzt den Aufhängefaden anbringen.

Tischdeko

Den Körper und die Flügel des großen Käfers ausschneiden. Danach die Löcher mit einer Lochzange ausstanzen. Die Flügel des Käfers an der markierten Stelle falten und auf diese gefaltete Stelle einen Klebepunkt anbringen. Schließlich die Flügel wie abgebildet auf den Körper kleben und etwas nach oben biegen.

Tischkärtchen

Laut Vorlagenbogen das Tischkärtchen und das grüne Rechteck fertigen. Danach, wie bei der Beschreibung des Fensterbildes, einen Käfer anfertigen. Nun alles laut Abbildung aufkleben und mit einem schwarzen Faserstift beschriften.

Dietmar

Glückskäfer

Vögel und Blüten

Material
- Tonkarton: weiß, hellgrün
- weißes Tonpapier
- weißes Nähgarn
- weißes Satinband, 3 mm breit, 6 x 20 cm lang
- hellgrünes Satinband, 3 mm breit, 2 x 8 cm lang

Fensterbild

Den Blattkranz und den Vogel auf Tonkarton übertragen und ausschneiden. Dann die Blütenmitte und das Auge des Vogels mit einer Lochzange ausstanzen. Anschließend den Vogel in den Blattkranz hängen und die Blüten wie abgebildet auf die Vorder- und Rückseite des Blattkranzes kleben.

Mobile

Fertigen Sie die Vögel und Blätter aus Tonkarton. Die Innenteile mit dem Cuttermesser ausschneiden. Nun die Teile zusammenfügen und in gleichmäßigen Abständen untereinander hängen. Zuletzt mit den weißen Satinbändern sechs Schleifen binden und wie abgebildet auf beiden Seiten aufkleben.

Tischschmuck

Als Erstes die Blätter und den Vogel ausschneiden. Anschließend alle Steckschlitze wie markiert mit der Schere einschneiden. Danach das Auge des Vogels mit einer Lochzange ausstanzen. Nun mit den hellgrünen Satinbändern zwei kleine Schleifen binden und wie abgebildet auf die Vorder- und Rückseite des Vogels kleben. Die beiden Blattelemente ineinander stecken und anschließend den Vogel anbringen.

In Love

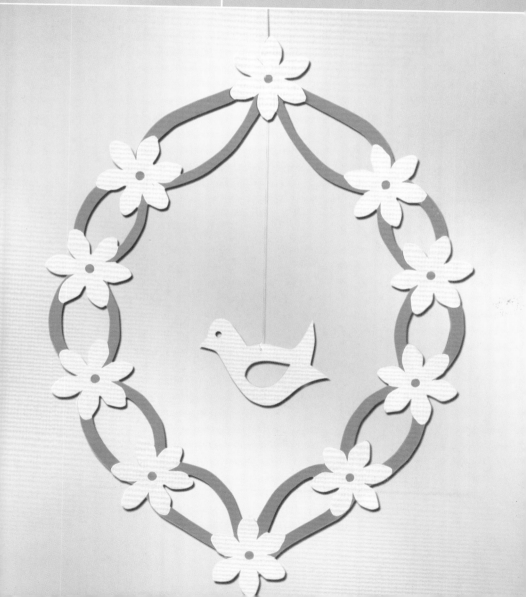

Libellen und Blüten

Material
- Tonkarton: orange, grün
- Tonpapier: orange, braun
- beigefarbenes Nähgarn

Fensterbild

Den Blumentopf, die Blüte und die kleine Libelle auf doppelt gelegtes Tonpapier übertragen und ausschneiden. Die Innenteile der Blüte und der Libelle mit dem Cuttermesser heraustrennen. Nun den Blumenstengel aus grünem Tonkarton fertigen. Den Blumentopf und die Blüte auf die Vorder- und Rückseite des Blumenstengels platzieren. Danach die kleine Libelle gegengleich auf den Blumentopf kleben und die Flügel leicht nach oben biegen.

Mobile

Zu Beginn drei große Libellen auf orangefarbenen Tonkarton aufzeichnen und ausschneiden. Anschließend die Libellen in gleichmäßigen Abständen untereinander hängen und einen Aufhängefaden an der markierten Stelle befestigen.

Tischschmuck

Alle Teile der Libelle laut Vorlagenbogen übertragen und ausschneiden. In der Mitte der Flügel einen Klebepunkt anbringen und wie abgebildet auf den Körper der Libelle kleben. Zum Schluss die Flügel leicht nach oben biegen.

Sommer

Blütenranken

Material
- Tonkarton: weiß, grün
- Tonpapier: grün, zitronengelb
- beigefarbenes Nähgarn
- gelber Buntstift

Fensterbild

Den Kranz aus weißem Tonkarton anfertigen. Nun drei Ranken und drei Blüten auf doppelt gelegtes Tonpapier aufzeichnen und ausschneiden. Zuerst die Ranken, dann die Blüten wie abgebildet deckungsgleich auf die Vorder- und Rückseite des Kranzes kleben.

Mobile

Als Erstes drei Ranken aus grünem Tonkarton fertigen. Danach drei Blüten auf doppelt gelegtes, drei Blüten auf einfaches, gelbes Tonpapier übertragen und ausschneiden. Die Blüten wie abgebildet auf die Vorder- und Rückseite der Ranken kleben. Nun je eine Blüte an der markierten Stelle an eine Ranke hängen. Später einen Aufhängefaden befestigen.

Tischkärtchen

Zu Beginn laut Vorlagenbogen ein Tischkärtchen fertigen. Danach eine kleine Ranke und eine Blüte aus Tonpapier ausschneiden. Nun beides laut Abbildung aufkleben und das Tischkärtchen beschriften.

Mit Blumen

Blüten im Sommer

Material
- Tonkarton: rosa, hellgrün
- beigefarbenes Nähgarn
- silberner Faserstift

Mobile

Zu Beginn drei Blüten und drei Blattelemente aus Tonkarton ausschneiden. Die Blüten sowie die Blattelemente abwechselnd in gleichmäßigen Abständen untereinander hängen.

Tischschmuck

Die Serviettenringe aus rosafarbenem oder hellgrünem Tonkarton ausschneiden. Danach eine Serviette durch den Blütenring schieben.

Tischkärtchen

Ein Tischkärtchen laut Vorlagenbogen erstellen und mit einer rosafarbenen Blüte verzieren. Zuletzt das Tischkärtchen beschriften und aufstellen.

Geblümt

Blumen im Sommer

Material
- Tonkarton: zitronengelb, hellgrün
- beigefarbenes Nähgarn
- Satinbänder: 3 mm breit, zitronengelb, 20 cm lang, hellgrün, 2 x 25 cm lang und 20 cm lang
- grünes Chiffonband, 2,5 cm breit, 25 cm lang

Fensterbild

Das Blumenbild und vier Blüten ausschneiden. Danach den Blütenansatz mit einem Klebepunkt versehen. Nun die Blüten wie abgebildet deckungsgleich auf die Vorder- und Rückseite des Blumenbildes kleben und etwas aufbiegen. Jetzt die hellgrünen Satinbänder um den Blumenstengel zu einer Schleife binden.

Mobile

Je eine Blume und eine Blüte aus zitronengelbem und hellgrünem Tonkarton fertigen. Dann einen Klebepunkt auf den Blütenansatz setzen. Die Blüten wie abgebildet auf jeweils eine Seite der Blumen kleben. Laut Abbildung die Satinbänder umbinden und die Blumen untereinander hängen.

Tischschmuck

Eine große Blüte auf doppelt gelegten zitronengelben Tonkarton übertragen und ausschneiden. Die beiden Blüten an der markierten Stelle falten und zusammenkleben. Dann eine gefaltete Serviette dazwischen legen und die Blüten oberhalb der Serviette mit dem Chiffonband zusammen binden.

Edel

Blätter im Herbst

Material
- Tonkarton: dunkelbraun, hellbraun, dunkelrot, olivgrün
- dunkelbraunes Tonpapier
- goldgelbe Kordel, 2 mm breit, 20 cm lang
- beigefarbenes Nähgarn
- brauner Buntstift

Mobile – mit großen Blättern

Schneiden Sie jeweils zwei große hellbraune und olivgrüne Blätter aus und hängen sie abwechselnd in gleichmäßigen Abständen untereinander.

Mobile – mit kleinen Blättern

Zu Beginn vier mittelgroße filigrane Blätter jeweils zweimal auf farbigem Tonkarton aufzeichnen und ausschneiden. Danach vier mittelgroße Blätter mit kurzem Stengel zurechtschneiden. Anschließend zwischen zwei filigranen Blättern, ein Blatt mit kurzem Stengel versetzt einkleben und die Blätter leicht aufbiegen. Zum Schluss alle Teile zu einem Mobile verbinden.

Tischschmuck

Zuerst zwei große Blätter auf hellbraunen Tonkarton übertragen, ausschneiden und nur am Stengel zusammenkleben. Daran nun eine goldgelbe Kordel befestigen und eine Serviette zwischen die Blätter legen.

Tischkärtchen

Ein Tischkärtchen laut Vorlagenbogen und Abbildung erstellen. Danach ein kleines Blatt aus Tonpapier ausschneiden und auf dem Tischkärtchen platzieren. Zuletzt den Namen aufbringen.

Herbst

Bäume im Herbst

Material
- Tonkarton: dunkelbraun, grün, hellbraun, beige
- orangefarbenes Satinband, 3 mm breit, 25 cm lang
- orange-kariertes Schleifenband, 1 cm breit, 2 x 35 cm lang
- beigefarbenes Nähgarn
- brauner Faserstift

Fensterbild

Den großen Baum und den Vogel ausschneiden. Danach das Schleifenband laut Abbildung auf die Vorder- und Rückseite des Baumes anbringen. Zuletzt den Aufhängefaden und den Vogel an der markierten Stelle befestigen.

Mobile

Jeweils einen kleinen Baum auf dunkelbraunen, hellbraunen und grünen Tonkarton aufzeichnen und ausschneiden. Die Bäume in gleichmäßigen Abständen untereinander hängen.

Karte

Fertigen Sie laut Vorlagenbogen aus beigefarbenem Tonkarton eine Karte. Anschließend einen dunkelbraunen Baum ausschneiden. Nun mit einem Satinband eine Schleife binden und wie abgebildet mit der Heißklebepistole aufkleben. Schließlich den Baum auf der Karte platzieren und mit einem Faserstift beschriften.

Holzart

Glocken im Advent

Material
- Tonkarton: rot, dunkelgrün, gold
- rotes Tonpapier
- rot-grün-gold-gestreift Schleifenband, 7 mm breit, 20 cm lang
- goldene Kordel, 2 mm breit, 1 m lang
- rotes Nähgarn
- goldener Faserstift

Fensterbild

Die große Glocke auf roten Tonkarton übertragen und ausschneiden. Danach zwei goldene Sterne fertigen und an der markierten Stelle in die Glocke hängen. Zuletzt die Kordel wie abgebildet anbringen.

Mobile

Zu Beginn eine mittelgroße und drei kleine Glocken aus rotem Tonkarton anfertigen. Die kleinen Glocken wie abgebildet in die mittelgroße Glocke hängen, damit ein Mobile entsteht.

Karte

Aus grünem Tonkarton laut Vorlagenbogen eine Karte fertigen. Anschließend eine kleine Glocke aus rotem Tonpapier ausschneiden und aufkleben. Nun aus dem Schleifenband eine Schleife binden und wie abgebildet auf die Glocke kleben. Schließlich die Kordel an der Falzkante der Karte befestigen und mit einem Faserstift beschriften.

Frohes Fest

Tannenbäume zu Weihnachten

Material
- Tonkarton: rot, dunkelgrün
- rotes Schleifenband, 6 mm breit, 2 x 12 cm lang
- rotes Nähgarn

Fensterbild

Zu Beginn den Tannenbaum und die Sterne ausschneiden. Die Innenteile der Sterne mit einem Cuttermesser heraustrennen und wie abgebildet in den Baum hängen. Nun zwei rote Schleifen binden und mit der Heißklebepistole auf die Vorder- und Rückseite des Baumes kleben.

Tischschmuck – groß

Den dunkelgrünen Tonkarton so falten, dass ein Tischkärtchen ausgeschnitten werden kann. Die Schablone für den mittelgroßen Tannenbaum auf den gefalteten Tonkarton auflegen, dass die markierte Stelle mit der Falzkante abschließt. Nun den Baum aufzeichnen und ausschneiden. Die Sterne mit einem Cuttermesser heraustrennen. Zuletzt eine Serviette durch den Baum schieben.

Tischschmuck – klein

Als Erstes den Tonkarton so falten, dass ein Tischkärtchen ausgeschnitten werden kann. Die Schablone für den kleinen Tannenbaum auf den gefalteten Tonkarton auflegen, dass die markierte Stelle mit der Falzkante abschließt. Den Baum aufzeichnen und ausschneiden. Schließlich die Innenteile mit dem Cuttermesser heraustrennen.